아버지의 가을 바다

이용복 시집

아버지의 가을 바다

2022년 1월 10일 제1판 제1쇄 발행

지은이   이용복
펴낸이   강봉구

펴낸곳   북만손출판사
등록번호 제406-2013-000081호
주소   10880 경기도 파주시 신촌로 21-30(신촌동)
전화   070-4067-8560
팩스   0505-499-8560
홈페이지 http://www.bookmanson.co.kr
이메일   bookmanson@naver.com

ⓒ 이용복

ISBN 979-11-90535-07-6 03810
값은 뒤표지에 있습니다.

※이 책은 저작권법에 따라 보호받는 저작물이므로 무단 전재와 무단 복제를 금합니다.
※이 책의 전부 또는 일부를 이용하려면 반드시 저작권자와 '작은숲출판사'의 동의를 받아야 합니다.

이용복 시집

아버지의 가을 바다

북한손

| 시인의 말 |

충남 서쪽 남북으로
길게 누운 섬
태어나고 몸을 키운
백년 노송 우거진
내 사랑 안면도

흙을 일구고 거두는 농부로
밭고랑마다 써내려간 사연들
행이 되고 연이 되는
들판과 산모퉁이 논 고샅, 골짜기 밭이랑
간간이 들려오는 파도 소리와 해무
바다 내음 솔향기

궂은 비바람과 조율하며
한 줌의 빛 가슴에 담고
구릿빛 얼굴 굽어가는 육신 굵어진 손마디로 써내려간
해 지고 달 지는 가을 언덕

수확 쟁기에 튀어나온
줄기에서 탯줄을 자른 고구마의 첫 울음 한 소쿠리 글밭

2021년 초겨울
이용복

| 차례 |

4 시인의 말

제1부 논두렁 밭두렁
12 논두렁을 고친다
13 길 없는 그 집
14 씨감자
16 가을갈이
18 아버지의 삽질
19 콩나물 음표
20 타는 농심
21 둠벙
22 봄
23 말허먼 뭐허여 - 방언으로 본 세상
25 모내기 전야제
26 우리 나이 들면
27 황토밭 이랑에 묻혀
29 오디
30 홍시

31　　　김장
33　　　왕솔 숲 초가집
34　　　콩나물 물음표

제2부　　바다와 모래 언덕
36　　　주의보
37　　　파도
39　　　천수만의 달
40　　　해무
41　　　소금이 되기 위하여
42　　　할미할아비바위
44　　　할미바위
45　　　아버지의 가을 바다
47　　　바다가 가라 합니다
48　　　조약돌
50　　　그리운 섬 하나
52　　　사구砂丘 1
53　　　해당화 차려입은 모래 언덕
55　　　바다

제3부	꽃 피고 지는 날
58	연꽃
59	아카시아
60	모감주나무
62	하얀목련
63	민들레
64	무화과 사랑
65	찔레꽃
67	달맞이꽃
68	무화과
69	석류
70	노을꽃
72	담쟁이덩굴
73	인동꽃
74	장미 한 송이
75	때죽나무
76	도꼬마리
77	그리움

제4부	계절을 걸으며
80	봄비

81	낮달
82	초여름 숲길
83	매미
84	시시한 시詩
85	유월의 문턱 - 어느 페인트공의 하루
86	자벌레
87	하얀 빨래
88	마음에 짐 다 벗고
89	갈바람
90	도장을 새긴다
91	가을바람을 밟는다
92	가을 나무
93	단풍잎 말라 떨어지던 날
94	낙엽
95	공가空家
96	태양
97	길을 묻거든
98	공가空家 2
99	진주
100	첫눈
100	해설 | 바다와 아버지 그리고 늦깎이 시인 · 강병철

제1부

논두렁 밭두렁

논두렁을 고친다

물이 잘 고이는 골망 열한 배미는
아버지 장만하신 다섯 마지기 논
아버지 고치시던 논두렁을 내가 고친다
두 배미로 만들어도 길고 높은 논두렁
얼부풀어 허물어지고 갈라진 겨울 태운 논두렁을
논 쪽으로 갈아 제쳤다 둑 쪽으로 되붙여
물이 새지 않도록 꾹꾹 밟아서 틈을 메꾸고
삽등으로 번데기 친다
아버지 마시던 막걸리와 흐르던 땀방울로
차지게 누워 굳어 가는 논두렁
돋아나는 잡풀 같은 잡념들을 제거하며
마음의 논두렁을 고친다
겨우내 말라 갈라졌던 논배미에
아버지 그리움을 잔잔하게 가둔다

길 없는 그 집

나도 모르게 스친 더덕 순
옷깃 스친 인연이 나를 잡는다
누군가 안고 싶은 줄기의 유혹

묻어둔 사랑을 깨우는 노래로
부드러운 줄기가 나를 잡아 감아 오르네
짙은 녹음의 산 지붕 안에 살아보자고
산 가슴 가운데 봄꽃 지던 골짜기
발목을 잡고 허리를 감고 가슴을 감고
더덕더덕 뿌리 살찌우며
향기 내며 같이 살자네

씨감자

밑둥 잘라낸 배추밭에 무덤 하나 만들었다
관도 없이 뽀얀 알몸
흙 소리까지
울컥울컥 쓰라린 생 멈추고
하늘을 가리는 초라한 장례식

고집 센 눈보라가 설치는 겨울을 넘어
우수 경칩 걸어오는 발자국 소리
겨울잠 그 무덤을 다시 팠다
고스란히 삼태기로 날려진 씨감자
헛간 앞 토방에서 하늘을 봤다

솔잎 사이로 뚫고 나온 예리한 빛
번득이는 칼
시퍼렇게 질려 비명도 못 지르고 잘려지더니
재에 묻혀 재가 되어

파도 이랑에 뿌려졌다

아버지의 가슴엔
속살까지 파랗게 멍들어 간 움트는 싹이 있다

가을갈이

벼 끝만 남은 마른 논에 금을 긋는다
남겨둔 벼 종자의 약속과 흙의 진리에 밑줄 긋는다
자른 짚을 펼쳐 넣고
심은 봄, 자란 여름, 영근 가을이 잘 섞이도록
쟁기 밥 풀풀 넘기며 시작하는 가을갈이

농부는 지난 헐벗은 날들과
고된 삶의 부스러기까지 갈아 덥는다
들판도 계절의 강을 건너기 위해
두터운 새 옷으로 단장하는 가을갈이

한 배미 갈고 나면 또 한 배미
찾아올 겨울에 땅 얼부풀려
새 땅 만들고
새 생명 잉태시킬 창조의 내일을 위해

마음 속 새겨야 할 흙의 더 깊은 말씀 얻기 위하여
갈고 또 갈아서 되살아나는
온 들판에 밑줄을 긋는다

아버지의 삽질

밤 사이 소나기 내린 계단 논에
둑이 무너졌다
아랫논이 움푹 파이고 떠내려간 흙이 저만치 쌓이고
심어 놓은 벼 포기가 묻혀
그 논배미에 가두었던 아버지의 달빛이 깨진 것이다
새벽부터 아버지의 삽질이 시작되었다

쌓인 곳을 파인 곳으로 이동시키는 삽질

떠나간 벼 포기 제자리 찾아주고
물앙금 잔잔해질 즈음 날이 저문다
고요한 달빛 다시 가두신 어깨에 반짝이는 삽날
상현달을 메고 집으로 오시는 아버지

콩나물 음표

안방 윗목 구석진 곳
큰 대야 위에 발을 깔고
작은 시루에 콩나물
검은 천으로 하늘을 가린
캄캄한 어둠 속
무슨 이야기가 들어 있을까
비좁은 세상에서 살아가는 소리
깨끗이 정제된 물 떨어지는 소리
검은 천이 열릴 때마다
무슨 음으로 세상 밖에 나올까
졸졸 흐르는 물소리에 허물 벗고
반짝반짝 빛나는 음표들, 고개를 든다
푸른 꿈을 향하여
까치발 딛고 날씬한 몸매로 일어서는
아내가 시루 속 콩나물을 뽑을 때마다
콩들의 춤사위
젓가락 지휘봉 따라 아내의 노래를 듣는다

타는 농심

퍼 올려도 퍼 올려도
마르고 또 마르는 논배미
퍼 올릴 물조차 말라 버린
가뭄 극심한 2015년
피땀으로 이룬 황금 들녘
풍년 농사라 기뻐했는데
과잉생산이라니
훈장은 못 줄망정
비용은 더 들고
값은 내리고
풍년이 들어도
부채만 늘어나는
까맣게 타 들어가는 농심

둠벙

닷마지기 골짜기
소나무 그늘 진 제일 위에 있는 다랭이논
아버지의 아버지
할아버지의 할아버지가 둠벙을 팠다
소나무와 하늘이 사는 둠벙에는
사계절 물이 고였고
둠벙에 물고를 높이고 낮출 때마다
연년이 주렁주렁 풍년이었다
할아버지의 손자 손자의 손자 둠벙에도
방개 붕어 거머리 우렁이 물장군 개구리
그 옛날 여름같이
물벌레의 족보를 펴고
둠벙 안에서 도란도란 놀고 있다

봄

서릿발 살얼음 녹아내리는 계곡
산의 가슴으로 들어와
생강나무꽃 노랗게 핀 봄을 바라보다가
오르던 산길을 잃어버렸습니다

말허먼 뭐허여
- 방언으로 본 세상

장구처럼 생긴 논배미 닷 마지기 주인은 게으름뱅이다
 나이 먹었다고 품앗이도 안 댕기구
 너무 집 일 헐 때 으더 먹으라만 댕기는
 개갈이 안 나는 이영감이 있었는디
 동네 이 씨네 모내기 허던 날이었다
 그날도 점심때가 되자 어김읎시 그 집 아낙이
 논 가뗑이 판판한 디다 들밥 차려 놓고
 모내기허는 일꾼덜 보구 밥드시라 불렀다
 일꾼덜 나오기 전 미리감치
 장구배미 논 주인 김 노인이 숙살 다 비치는 베옷을 입구
 들밥 앞에 쪼그리고 안저 있넌디
 가랑이 가온데 실밥이 터졌는지
 거시기가 축 늘어져 나와 있었다
 논에서 젤 먼저 나온 명철아베가 모둠밥 그릇에서

숟가락으루 밥을 한 숟갈 푹 뜨더니
김 노인 거시기에 대고 예따 너부터 먹어라 하며
자꾸 드리 대넌디
일꾼들 예닐곱 명이 논에서 나오며
배꼽을 움켜지구 웃자
김 노인 줄행랑쳐 도망쳤다
한 사람이
워치게 헐라구 노인을 놀려머거
일 헐만 허면 허야지 놀구 먹을라구 허면 된다나
이구동성으루
말허면 뭐허여

모내기 전야제

논배미에 물꼬 높이고
쟁기밥이 반쯤 보일 때 써레질한다
엉근 써레발이 지날 때마다 물을 만나 흙들이
더욱더 잘게
더욱더 낮게
물과 함께 더욱더 부드럽게
모두가 잠기도록 요동친 후 끝나는 써레질

양수 같은 물앙금 가득한 논배미 속에
왕소나무 서서 박수치고
무수한 별들의 이야기 끝이 없고
유난히 맑은 달 떠가는 밤하늘이 자리잡고 있었다
새 생명 잉태할 환영의 전야

우리 나이 들면

바다가 모이는 왕솔밭
해무 머금은 산모퉁이 골짜기에서
가랑잎 긁어모아 거름으로 뿌려진
양지언덕 황토밭에서
빨갛게 익은 고추 따고
분홍빛 고구마 캐며
철 따라 조개 파고
해변길 손잡고 걷자던
그 말 잊지 않았지?

황토밭 이랑에 묻혀

따뜻한 아랫목에 싹을 내어
이른 봄 묻어 키운 고구마 종순
대여섯 마디 자랐을 때
탯줄을 자른다
그래야 세상에 다시 새 생명으로 산다는 걸 누가 알았을까
황토밭 이랑에 묻혀
강한 여름 볕 얻어먹고 마디마다 뿌리 내려
아들딸 주렁주렁 열린다는 걸

내가 내 인생의 몇 마디쯤 자랐을까
나도 일 년쯤 머리만 내놓고 황토밭에 묻혀
습도와 온도와 거름을 맛보며
누워 있으면 달고 구수한 언어들이 주렁주렁 매달릴까

찔레꽃 피고 뻐꾸기 울면 가문다더라
아버지 할아버지의 말씀처럼 가뭄이 심한 시기
이제 찔레꽃 지고 있으니 비가 오겠지
오늘은 우리 동네 삼신 할머니들 모셔와
언덕배기 황토밭에 심을 고구마 종순을 잘라야겠다

오디

푸르른 날
너로 채우는
까맣게 익은
차마
글썽이는 눈물

홍시

서향집 담장 안 감나무 가지 하나가
여울목 향하여 담을 넘는다
반짝이던 나뭇잎 사이로
배꼽을 잡고 배시시 웃던 아이
언젠가부터 얼굴을 붉히더니
저물어 가는 계절에 매달려
투명해지도록
석양으로
농익은
하루

김장

무가 채 칼날을 지나 하얗고 부드러운 속살에
온갖 세상의 맛과 색을 넣고
골고루 섞인다
까나리 새우를 길러낸
그 짜디짠 바다
마늘 생강 대파 쪽파 갓을 길러낸
그 강렬했던 햇살

고추처럼 맵게
소금처럼 짜게
물엿처럼 달게
버무려 골고루 섞어 놓은
어머니의 일생 같은 양념을
절여진 배추
한 잎 한 잎을 열고 집어넣는다
어머니 떠나신 후에도

며느리는 가족의 김장을 담근다
짜고 달고 매운맛으로 겨울 견뎌내는
인생을 담근다

왕솔 숲 초가집

안면도 왕소나무 숲에
함박눈 내린다
하얀 눈송이 소나무 푸른 바늘잎에 꿰어
가지마다 함박웃음 가득한
가지마다 열린 단칸 초가집
그 아득한 옛날
소나무 하얀 집
오히려 포근한 초가집엔
행복한 웃음소리 가득하다

콩나물 물음표

물 불은 노란 콩이 허물을 내던지고
드러누운 시루 안에서
검은 보자기 걷고
맑은 물을 줄 때마다
틈으로 비친 하늘
까치발 세우며 쑥쑥 올라오는 노란 물음표
푸른 날을 꿈꾸며
콩나물 물음표
시루를 넘는다

제 2부

바다와 모래 언덕

주의보

구름을 얇게 펴서 퍼지는 하늘 아래
웅크린 갈매기는 가슴이 뛴다

숨가쁘게 달려 나오는 어둠 앞에서
한 잔 술을 넘기려 하니

아스라이 달빛도 부서지고
찢겨진 어둠들이 비명을 지르며
통곡하여 우는

흔들거리는 바다
솟구치는 비명이 몸부림쳐도
어김없이 찾아오는 새벽이 있다

파도

떠난다 해도
다시 온다 해도
말하지 못하는 너를 위해 다 말하리라
알아듣지 못했다면 한 번 더
내 몸이 산산이 부서져도
네 말이 옳다고 외쳐
모래밭에 쓰고 또 써내려 간 이야기
아주 오래 전부터
모래 언덕을 무너뜨려 데려가고
다시 쌓고 때로는 달래고
깨지며 부서며 살았을 테지
밀물로 밀고
썰물로 당기며 그래도 도란도란
저 고집스런 바위를 믿으며 여기까지 왔다고

바람이 멈춘 솔밭 언덕 너머로

좌라락 좌라라락 몽돌 굴리며
슬픔을 넘고 넘어
여명이 올 때까지 어둠을 조율하는
더 큰 사랑의 울림
해질녘 노을길
손잡고 걷는 부부

천수만의 달

사리 물때 달이 떠오르자
달빛이 뻘밭으로 한없이 미끄러진다
짱뚱어는 큰 달을 물어보려고 몸을 세워
펄쩍펄쩍 뛰어 오르고
칠게는 납작 업드려 달빛을 갉아먹고
황발이는 큰 발로 달을 물고
파놓은 제 집으로 데려가려 안간힘 쓰는 동안
천수만을 비추던 달은 은하수를 건너고 있다

해무

한낮을 따듯이 데운 언덕에 올라
수평선을 바라다보며 피어오르던 생각 하나로
바다를 잃어버렸습니다
내 사랑 한 사람이
나를 점령하고
길도 가두고
온 세상 몽땅 가두었습니다
한참을 눈을 감았다 떠 보니
저렇게 흘러내린 눈물이었습니다
말없이 잔잔한 바다 깊은
한 사람

소금이 되기 위하여

나는 떠난다 너와 함께

돌아보지 말고
봄 햇살 드리운 뻘밭 위
새금파리 염판에 몸을 말린다

수많은 새떼들이 증발되어 하염없이 날아가고
너와 나의 잡념과 허물들도 빠져나간다
비로소 모이는 하얀 결정체
창고로 가는 외발 수레에 실려 하늘을 보며 웃는다

할미할아비바위

살았는지 죽었는지
바다가 마르도록
바다가 차오르도록
파도가 파고들고 자고 가는 거기쯤에서
지독한 기다림으로 솟아오른
할미바위

풍랑에 쓸려
조류에 떠다니다 끈질긴 사투 끝에 돌아와 보니
할미가 바위가 되어 있었네
그 옆에 할아비도 바위가 되었다는
할미할아비바위*

구름꽃 만발한 눈물로
그리움으로
안면도 방포에 영원히 살아서

낙조의 사진이 되어 세상을 살고 있는
할미할아비바위

* 할미할아비바위 : 미도 부인이 승언 장군을 기다리다 바위가 되었고, 나중에 돌아온 승언 장군도 바위가 되었다는 전설이 있는 바위. 안면도 꽃지와 방포 사이의 바다에 있는 두 개의 바위섬으로, 충남 명승 제69호로 지정된 낙조가 아름다운 곳.

할미바위

얼마나 기다려야 바위가 될까
지금도 수평선만 바라보고 서 있는
승언 장군*을 기다리던 미도 부인*의 애틋한
망부석 사연을 아는지 모르는지
갈매기 몇 마리 붉게 취한 노을빛 속으로 날고 있다

내 깊은 한 사람
안면도에 오려무나
짙은 기다림으로 노을 익어 가는 꽃지로 가는 길
작은 포구 방포의 꽃다리에서
기다림으로 멍든 사람들
농익은 기다림을 바라보고 있다

---

*승언 장군, 미도 부인 : 할미할아비바위 전설에 등장하는 인물.

아버지의 가을 바다

식구들 모르게 툇마루에서
눈물을 훔치시던 아버지
큰아들을 겨울 찬바람 속으로 먼저 보낸 아버지
울면서 새우는 밤을 보았습니다

햇살 글썽이는 아침
무거운 어깨로 일터로 나가셨던 아버지
고추 심고 모내기 마치고
물 마른 갯골 건너 병문안 떠나신 그날
영영 돌아오시지 않으셨습니다
밀물에 갯목쟁이를 건너오시다
온몸에 배인 노을과 함께
갯벌에 누워 계셨습니다
몸속에 있던 많은 강물이 모여드는 바다
가슴에 멍 우려낸 서해 바다
이곳에 서서

석양이 붉게 물들어 잔잔하게 채운
아버지의 가을 바다를 바라봅니다

바다가 가라 합니다

바람이 붑니다
썰물 드러난 젖은 모래밭을 젊은 사내가
수평선을 향해 맨발로 걸어 갑니다
한낮에 햇볕과 세차게 부는 바람에
젖은 모래가 마르며 날기 시작합니다
맨살이 따가워서인지
한 번쯤 걸음을 멈춰보지만
하얗게 날리는 모래는 멈추지 않습니다
이제 가라 합니다
나가라 나가거라 그분께서 손으로 밀어 냅니다
밀물이 옵니다
마른 모래밭이 좁아집니다
그 사내가
돌아섭니다
참 다행입니다

조약돌

해도 달도 지구도 둥글다
둥근 세상
태어난 아픔
춤추는 바다

무너진 절벽 아래
바다로 투신하는 바위 조각들
불안에 뒤척이는 몸을 휘감고
돌도끼나 돌화살은 되지 말라며
하얗게 번득이는 파도칼 아래
소금섬 끌어내는 물이랑에 쓸려
이별의 아픔 밀어내며
모진 세월을 얼마나 갈아 냈을까
누천 년 살아오는 사랑의 말들
이렇게 살라 한다

살 부드럽게 속삭이며
손잡고 입맞추고
모여서 안아 주며 둥글게 살라 하네
바닷가에 따듯하게 구워 놓은 사랑 이야기

그리운 섬 하나

내 마음 던져 놓은 바다에 왔지

높새바람 마파람 하늬바람
파도에서 파도로
내 가슴 타고 넘어 네 가슴까지
흐르는 세월 속에
파도 이랑 밭에서도 빛나는 것은
바다 속에 자리 잡은 작은 섬 하나
사랑으로 서려 있는 집 한 채
내 가슴에 안긴
섬 하나 있지

도요새 갈매기 노래 불러 모으고
하얗게 부서지는
파도 웃음 가득한 자유의 정원
보드러운 모래밭에 해당화 차려입고

사철나무 울타리와 늘 푸른 소나무 가득한

아무도 살지 않는 그리운 섬
밀물 썰물에게만 뭍 소식 전해 듣고
가슴에 품고도 가보지 못한
언제나 그리운 섬 하나

사구砂丘 1

서해를 품안에 넣고
내 속은 바다요 겉은 물이어라
바람이 불고 불어
반짝반짝
살아살아 숨쉬는 언덕
잘게잘게 조각나도 속살까지 부드럽게
죽도록 살아 있는 별빛 무덤

성경 한 권
불경 한 권
결결이
바람결에 넘겨지는
자연 섬긴
아버지

해당화 차려입은 모래 언덕

키 작은 가지마다
세월을 할퀴고 간 모래바람결에
겨우내 촘촘히 가시 돋아나
모진 세월 원망도 해 봤지

갯방풍 바위틈에 잎새 돋우고
갯메꽃 가녀린 줄기 뻗어 내릴 제
주름진 입새마다
금빛 햇살 둘러앉히고
날마다 날마다
붉게 물든 노을만 바라보더니
내 그럴 줄 알았지
해 고인 꽃 필 줄을

빨갛게 익어
붉은 꽃잎 터지고

노란 속 내놓고
붉은 피 흐르는
그 사랑에 빠질 줄

둥글납작 열매 맺어
그 열매도 불그레 익어 가는
해당화 차려입은 모래 언덕은
그대 만나 수줍은 고백
꺼내 놓은 그 자리

바다

깊은 계곡 긴 강을 지나
낮추고
더 낮추어 수평을 이룬
하늘과 맞닿은 평화로운 나라
다만 살아간다는 것은
바람이 불어 잠시 파도가 일고 있을 뿐

제3부

꽃 피고 지는 날

연꽃

뚝
떼어 내어도
내 가슴은
다시 차오를 거다

호수에 잠긴
깊숙한
하루

아카시아

지난 가을 앙상해진 너는
하늘을 찌르며 원망 하는 줄 알았다

눈발 날리는 겨울에도
끈질기게 땅을 파고들던 뿌리 같은 네가

이토록 많은 그리움을
꽃으로
잎으로
송이송이 피워 냈구나

모감주나무

큰 대륙 먼 나라에서
거센 풍랑에 쓸려
서해를 건너온 고행 길
굴껍데기 조개껍데기 쌓인
안면도 방포 포구에 자리잡고
봄마다 너그러운 잎 펼치고
황금빛 노란꽃 누덕누덕 피고 지더니
양손을 모은 듯 노랗게 벙그러진
봉지 속에 무엇이 들어 있을까

양손을 펼쳐 보니
단단한 알갱이 염주알이
못보고 못 듣고 못 맞고
몸으로 취하지도
뜻으로 다스리지도 못하는 번뇌가
땅으로 구른다

욕심과 성냄과 어리석음을
땅에 모두 내려놓는다

하얀 목련

살며시 드리운 빛이 있어
창을 열었네
하현달 떠오르고
엊그제 봉오리 피어오르던 하얀 목련이
달빛 아래 은은히 피었네

기품 어린 흰빛으로
아직은 찬바람에 우아한 그녀
내 가슴으로 걸어오다
곱디고운 모습으로 바라만 보네

민들레

초가집터 엎드린 땅에
뿌리 내리고
여기서 살았네

겨울강 건너 찬 서리 걷히고
맨땅을 뚫고 나와 불평 없이
납작 주저앉아 햇살 모았네

키 작은 그리움에 긴 꽃대 세워
봄 햇살 따스한 입김으로 환한 꽃
고개 내밀고 피어나와

얼마나 기다렸는지
얼마나 보고픈지
꽃잎마다 꽃마다 눈물로 맺히고
품은 홀씨 미풍으로 날려
님에게로 님에게로 가고 있어라

무화과 사랑

나무엔 꽃이 피지 않았다
기력이 떨어져 흘러내려도
밭둑을 지켜주는 뿌리로 무성한 잎 피워 내는
나무의 마음으로 지탱하며
영글어 가는 가을이 되어
계절의 낯선 바람으로 가지 흔들 때
아무도 모르게 품안에 열매가 매달렸으나
꽃이 피지 않았다

어머니의 마음 안으로만 핀 연분홍 꽃
찬 겨울에도 간직하시다 끝내 단맛 내려놓으시고
흙으로 떠나신 곰삭은 사랑

찔레꽃

키 큰 나무 없는 산언저리
연한 순 꺾어 물면
찔레나무 성내던 구부렁 미안한 길
밉다고 혼내려 가시 세우고
아무도 오지 말라던 가시덤불 우거진 곳

여기 화들짝 환하게 꽃이 피다니요

나 몰라라 살며시 웃기만 하던
짝사랑 미소 닮은
깨알 같은 사연들

꽃잎에 입맞추는 나비 불러
저절로 춤추게 하고
조잘조잘 산새 소리 다정한 곳

그윽한 향기로 추억 가득 묻어 있는
찔레꽃 추억 밭

달맞이꽃

가시덤불 헤치고 나온 상처가 아플 때
돋아나는 새살이 곱다
어두운 산을 헤치고 나오는
달빛이 곱다

깨알 같은 이야기 가슴에 달고
노랗게 피어올라 몇 날 며칠 피고 지고
가슴이 흔들릴 때
구름 사이로 나온 달빛이 곱다
어두운 산 헤치고 맑은 하늘에 떠오르는
달빛이 고웁다

무화과

꽃을 버려야 열매를 얻는다고?
내 가슴 속에 피어
열매부터 맺은
끝내 말하지 못한
단내 가둔
짝사랑

석류

높고 푸른 하늘 보니
내 가슴 터지겠네

석양빛 물든 가을날
상사병으로
가슴 터지는 여자

노을꽃

오늘도 열심히 살았다고
백년 송 솔잎 손뼉 치는 치열한 오월
서해 바다 가는 언덕에 서면

잔잔하게 지나가는 구름도 황금빛 머금은 꽃이 되고
겹겹이 온기 어린 하늘도 자줏빛 서린 꽃잎
모래 파도 두른 섬들도
결결이 짙푸른 바닷물도
형형색색 수놓은 세상이 꽃으로 피었네

하루를 따뜻이 데운 공기는 꽃가루로 날리고
포구로 찾아드는 어선들 벌이 되어
갈매기 나비 되어 날고
태양이 암술이 된
벙글어진 꽃
내 시선은 신비로운 하루꽃 내부에 들어가

이제 어둠이 온다 해도 두렵지 않네
하루가 꽃이 되는 서해는
내 평생 아름답게 그려야 할
노을꽃

담쟁이덩굴

그녀가 수를 놓는다

궂은 비바람에도 흔들리지 않게
한 땀씩 벽의 미세한 틈에 뿌리내리며
촘촘히 오르는 콘크리트 담벼락 타기
몇 날을 참고 몇 날을 견뎌야 다 오를까
깜박 졸음에 손가락 찔려
피 물든 붉은 잎 피워 내며
벽을 타고 올라야 할 운명

돌 틈 뿌리내린 생명 하나 키워 내는
그녀가 수를 놓는다

인동꽃

서지 못하고 넝쿨로 살며
제 몸을 감고도 높이 오르지 못하여
누구에겐가 기대었던
눈보라 찬바람 견뎌 온 인내
한 번 피운 이파리
다음 잎 나올 때까지
누더기 옷 입고 기다린 세월
이젠 꽃피우리라
하얗게 노랗게 금은화로 조화롭게
무더기로 온천지 향기롭게
달콤하게 꽃 피우리라
너도나도 우리 모두
얼굴보다 입이 더 크게 웃고 있는 금은화

장미 한 송이

세상의 유혹 가시로 막으며
서두르지 않고 잎 피우고
봄비 내린 다음
햇살의 춤사위에 찔려
붉은 핏방울 봉우리로 맺히고

뜨거운 날 터지는 감격을
너에게 바친다
오월의 노래로
빨간 장미 한 송이

때죽나무

잎사귀로 쪽빛 하늘 가리고
나뭇가지 밑에 매달려 땅을 향하여
하얗게 떼를 지어 피인
때죽나무꽃 아래에서 사랑을 말하지 마라
같이 살다 같이 죽자고
꽃향기에 마취되어
깨어나지 못하리

도꼬마리

들풀을 헤치며 좁은 길을 지나 왔는데
바짓가랑이 움켜쥐고 꾹꾹 치르며
같이 살자고 달라붙던 도꼬마리 씨
만지지도 못하게 찰싹 달라붙어 같이 살자네

그리움

작은 꽃은 숲에 갇혀
산을 모르고

숲은 안개에 갇혀
세상을 모르고

네가 불러 줄까?
봄꽃
꽃잎으로 날려
오늘도 기어코
유리벽에 달라붙었다

제 4 부

계절을 걸으며

봄비

내 가슴을 파고 꽃씨 하나 묻고
봄을 기다리다가
오르던 산길을 잃어버렸습니다
얼어붙었던 계곡
물소리 높여 녹아내리고
서릿발 밟으며 헤매던 날
노란 생강나무꽃을 따라
나도 모르게 산의 가슴으로 들어와
한없이 당신으로 젖어들어
향기 그윽한 봄꽃을 봅니다
여기저기 나뭇가지에 꽃부터 핀
진달래 산앵두 한아름 들고
높새바람에 미끄러져 나온 봄
가슴에 묻은 꽃씨 하나
촉촉이 내리는 봄비에 젖습니다

낮달

비 개인 하늘 길로
조용히 떠가는
말하지 못한 추억 하나

잊은 줄 알았는데
자나 깨나 떠오르는 살 부드러운 기억
꽃잎 하나 떨어져
하늘로 떠가는
짝사랑

초여름 숲길

아무 말도 아무 일도 하지 않는
저 앞에 산이 있고
묵묵히 서 있는 나무와 나무 사이 나무숲이 있다
그저 바라볼 때는 말없는 숲으로만 보았는데
찔레꽃 헤치며 산문을 열자
인동초 꽃향기 그윽하고
한 발 들어서니
산새들 또또르륵 삐옥 삐이옥 구구욱 구욱
알아들을 수 없는 말 속으로 접어드는 터널 길
사색의 길 안식의 길
녹음방초綠陰芳草 우거진 길

매미

봄을 보내고
나뭇가지를 부둥켜안고
가슴을 열고
실컷 울어 준 사람

시시한 시詩

소나기 내려놓고 여름이 떠났다

가벼워진 하늘이 가을로 가고 있다
나뭇잎 끝으로 한 줄을 쓴다
시가 익어간다
가을을 걸어 놓은 가지에서
시시한 시가 떨어진다
나뭇가지만 남은
앙상한 가을

유월의 문턱
- 어느 페인트공의 하루

산은 연록의 봄을 껴안고
따사로이 데운 공기
실바람 휘휘 저어
한 벌
두 벌

푸르게
더 푸르게
산비탈까지 올라가 붓칠 하고
비어져 가는 햇빛에 고단한 하루

텅 빈 통 속에
씻기지 않은
붓
더 짙은 잠에 갇혀 있네

자벌레

자벌레 한 마리 길을 떠난다
파도 타고 바다를 건너
풀숲 우거진 산자락 오른다
바람에 흔들리는 풀대를 오른다
긴 몸을 굽히는 만큼씩 더딘 디딤
저 맛있는 한 끼의 식사를 위하여
파란 하늘이 보이도록
잎에 구멍을 내고
자벌레는 입으로 푸른 시를 쓰고 있다

하얀 빨래

주인 없는 뜰 안에 떨어진 박씨 하나 떡잎 펼치고
묵은 망초 줄기 감고 오르던 박넝쿨
바랜 빨랫줄에 넝쿨손을 감더니
하얀 빨래를 널어 놓았다
꽃상여 타고 가신 할머니
눈부신 햇살에 눈을 꼭 감으시고
풀벌레 안내하는 가을 달밤에 오셔서
널어 놓은 하얀 빨래 걷으시려나 보다

마음에 짐 다 벗고

다 떨어진 가지에 높푸른 하늘 가득 살고 있었네

이젠 숨길 것이 없다네
다 비운
가릴 것도 없는
파란 속마음

갈바람

또 시작이다
멀리서 들려오는 파도 소리는
묻어 둔 이별 깨우는 갈바람이다

개막은 들판의 갈대밭
흔들어 놓고
하늘을 향해 뻗은 긴 가지에 다가오는
더 큰 흔들림의 바람이다

저마다 얼굴이 투명해지고
한 알의 과일처럼 잎들은 붉게 익어
내 가슴에 노랗게 빨갛게 영글어 오는 너의 모습

너는 깊은 밤
가슴에 깊이깊이 파고들어
그리움 심어 놓고 떠나는
이별을 깨우는 갈바람이다

도장을 새긴다

한때는 싱그러운 녹음
꽃 피우고 열매 맺다가
구부러진 산길 따라 원목으로 실려 와
속마음 꺼내어 도장을 새긴다

그 누군가 불러준 운명이 된
그 이름을 위하여
틀에 끼워 고정시키고
스륵스륵 이제껏 살아왔던 아픈 신경을 제거하며
성과 이름을 새긴다
열 손가락 마디마다 땀 서린 노동으로
드디어 완성된 도장

뽀얗게 벌거벗은 참 모습으로 태어나
하얀 여백에 빨갛게 핀 꽃
오로지 한사람의 이름

가을바람을 밟는다

노랗게 익어간 알곡들은 어디로 갔을까
빈 들판에 바람이 분다
마른 풀 섶 파고들던 울음들이 어디로 갔을까
밭둑 언덕배기로 바람이 분다
하얗게 흩날리는 억새풀 골짜기 지나온
빠른 세월 길
나무들이 마른 잎 내려놓아
흩날리며 숲으로 달음질치는

가을 나무

스스로 훌훌 벗고
아무것도 가릴 것 없는 가지에
살고 있는 파란 하늘
이제야 보여 주는
새 한 마리
해맑은 청 울음

단풍잎 말라 떨어지던 날

얼굴이 빨개지도록 힘을 다한
일터를 떠나는 사람들
초저녁 찬바람에
사그락 거리며 구석진 골목 포장마차로 간다
소주 한잔으로 지친 몸을 달래고
젓가락으로 산낙지 발을 접시에서 떼고 있다

낙엽

때를 알고 떠나는 이별은 짧다

잎은 흔들림에 떨어지는 것이 아니라
붉게 익은 열매처럼
씨눈을 남기고
이름을 달리할 뿐이다

공가空家

부엌 채반 위엔
낡은 거미줄이 늘어져 있고
귀 떨어진 사기그릇이 적막을 마시고 있다

채워야 할 가을 곳간의 바람벽은
살점이 떨어져 나가고
앙상한 뼈 사이로 식은 바람이 드나들고 있다

뜰 안엔 말라가는 풀대들
몽당 빗자루 처다보며
쓰르륵 쓰륵쓰륵 가을볕을 쓸어 내고 있다

나무 대문이 주춧돌에 주저앉아도
홀로 살다 떠난
돌아오지 않는 할아버지를 기다리고 있다

태양

그대는
맑고 푸르른 날
눈부시게 빛나는
바라볼 수조차 없어
머언 사람

길을 묻거든

길을 묻거든
빠른 길 가르쳐 주지 말고 바른 길을 가르쳐 줘라
길 묻거든
곧을 길 가르쳐 주지 말고 쉬며 가는 길을 가르쳐 줘라
저기가 이 길의 끝이냐고 묻거든
가 보면 또 길이 있더라고
바르고 여유롭게 안내받아
편하게 보이는 길 걸어가 봐도 가시밭길도 있더라고
인생길은 비바람 눈보라도 만나고
짙은 안개로 앞이 안 보이는
그 길 다 지나고 나면 해맑은 햇살이 눈부신 날이더라고
알다가도 모르는 게 운명 길이더라고

공가空家 2

아무도 몰랐지
무성했던 나뭇잎 지기 전엔
앙상한 가지 속에 드러난
빈 둥지

진주

내 안에 침잠하여 아픔을 이기는 말
스스로 커 가는 입 안에 가슴 안에 고이 간직한 채
밖에는 아직 지끄러워 내놓을 수 없는
더 다듬고 더 키워야 할 말
꺼내지 않아도 눈부시게 아름다운
더 빛나게 해야 할
말로 다하지 못한
가슴속에 간직한
그대 이름은

첫눈

그렇게 오실 줄 알았습니다

미련 없이 다 보내고
내몰리던 바람 끝으로

하얗게 어둔 밤
온 세상
애틋한 기다림을 덮으며
동짓달 초하룻날

그렇게 소복이 오실 줄 알았습니다

| 해설 |

바다와 아버지 그리고 늦깎이 시인

강병철 시인

　이용복 시인, 그는 안면도 원조 토박이로 바다가 보이는 고샅 어디쯤에 몸을 부치는 농부 시인이다. 그래서일까, 언덕바지에서 바라보던 사유의 공간들은 대개 바다와 벌판이고 더러는 우울한 노을을 배경으로 한다. 갯멧꽃 줄기 따라가다 보면 노을 젖은 배경으로 꽃잎이 터지며 진하게 붉은 사랑에 사무칠 것 같다. 그리고 그를 소개하려는 내 가슴도 사시나무처럼 으스스 떨린다. 노동의 쇳날, 그의 경운기가 고구마 밭 가를 때마다 부착된 쇠갈퀴에 걸려 튕겨 나오는 수확물들이 툭툭 떠오르기 때문이다. 그 문장에 숨겨진 숨소리를 함부로 오려 내는 것 같아 도대체 두려운 것이다.

서릿발 살얼음 녹아내리는 계곡

    산의 가슴으로 들어와

    생강나무꽃 노랗게 핀 봄을 바라보다가

    오르던 산길을 잃어버렸습니다

    -「봄」전문

  이순耳順이 저만치 지나도록 거쳐 온 공간들, 눈 감고 걸어도 손바닥 뒤집듯 훤한 그 자리에서 하필 길을 잃어버렸을까. 다랑이논 지나 둠벙이 있고 방개, 거머리, 물장군 놀던 그 너머 울타리도 빠드름한데 노랗게 핀 생강나무 보다가 산길을 잃어버렸으니 그게 시인의 가슴이다.
  그래서일까? 그는 몇 개의 얼굴을 가지고 있다. 지게를 지면 농부요, 농업 경영인 자리에 서면 카리스마 훈장이 되었다가 바닷가에서는 어부의 표정으로 애잔해진다. 책꽂이 앞에 서면 필경 간서치看書痴요, 활자판 두들길 때는 눈빛 진한 시인으로 오랜 동안 고정된다. 그 마지막 자리였던 시인의 표정이 유독 길어지다가 아주 오랜 동안 그 지축에서 벗어나지 못하는 것이다. 그랬다. 그는 그냥 들길을 헤쳐 온 줄 알았는데 죽자 살자 달라붙은 도꼬마리 씨와 같은 운명이 되었다. 먼저 아버지다.

아버지 마시던 막걸리와 흐르던 땀방울로
차지게 누워 굳어 가는 논두렁
돋아나는 잡풀 같은 잡념들을 제거하며
마음의 논두렁을 고친다
 -「논두렁을 고친다」 부분

그는 고목나무 된 아버지의 그늘에서 멍든 발등 식히며 유년의 몸을 키웠다. 그리고 지금은 아버지가 고치던 논두렁을 그가 두드린다. 이른 봄 샛노란 순이 뽀드득뽀드득 오를 즈음 삽등으로 번데기 치며 꾹꾹 눌러 다지는 것이다. 아버지가 마시던 막걸리와 땀방울로 돋아나는 잡념들을 제거하며 마음의 논두렁도 함께 마사지하는 중이다. 겨우내 말라붙었던 논배미에 망자가 된 부친의 그리움을 잔잔하게 가두며 아픈 한 해를 시작하는 것이다. 그렇다. 모든 게 아버지다. 아버지의 가슴에 파랗게 멍들어 가며 움트는 싹을 품고 시를 쓰고 식솔들을 보듬었다. 심어 놓은 벼 포기가 묻혀 그 논배미에 가두었던 아버지의 달빛을 깨뜨리며 새벽 삽질을 시작하는 것이다.

깨끗이 정제된 물 떨어지는 소리
검은 천이 열릴 때마다

무슨 음으로 세상 밖에 나올까
　　졸졸 흐르는 물소리에 허물 벗고
　　반짝반짝 빛나는 음표들, 고개를 든다
　　 -「콩나물 음표」부분

　신작로 마트에서 쉽게 구하는 콩나물 한 봉지도 그는 방구석에 애지중지 모시고 산다. 보자기 열고 날마다 안부를 나누며 물을 올리고 뿌리를 키운다. 하늘을 가린 검은 천 열면 까치발 딛고 일어선 알몸의 날씬이 음표들이 반짝반짝 고개를 내민다. 아름답다. 하여, 시인은 콩나물 뽑을 때마다 시루의 빈 틈새를 놓칠 수 없는 것이다. 그게 이 세상에서 가장 깨끗한 눈빛이요, 천상 이용복의 문장이 된다.

　　일꾼덜 나오기 전 미리감치
　　장구배미 논 주인 김 노인이 숙살 다 비치는 베옷을 입구
　　들밥 앞에 쪼그리고 안저 있넌디
　　가랑이 가온데 실밥이 터졌는지
　　거시기가 축 늘어져 나와 있었다
　　 -「방언으로 본 세상」부분

　닷 마지기 다랭이 논의 게으름뱅이 노인 스토리이다. 나

이 들면서 일터에는 게으름 피우더니 새참 때만큼은 놓치지 않고 가장 먼저 자리잡는 밉상 어르신네 이야기이다. 품앗이 이 씨네 아낙 네가 나타나 '밥 드시라' 소리치면서 들밥 잔치가 시작되자마자 선착순 1등으로 앉는데, 어럽쇼, 그 찰나 가랑이 실밥이 터져 거시기가 툭 튀어나온 장면이 포착된 것이다. 그랬다. 품앗이 농부들이 그의 가랑이에 고수레를 던지며 놀리던 풍광이 해학이요, 넉넉한 울타리 풍광이 눈부시고 눈물겹다. 보라.

   바다가 모이는 왕솔밭
   해무 머금은 산모퉁이 골짜기에서
   가랑잎 긁어모아 거름으로 뿌려진
   양지 언덕 황토밭에서
   빨갛게 익은 고추 따고
   분홍빛 고구마 캐며
   철 따라 조개 파고
   해변길 손잡고 걷자던
   그 말 잊지 않았지?
   -「우리 나이 들면」 전문

아랫목에 싹을 틔워 이른 봄 내내 키운 고구마 종순이

다. 함께 뿌리내리고 줄기 세워 트럭에 올리고 막걸리 추렴으로 시린 가슴 위로하던 평생 동지이다. 바다가 보이는 언덕 텃밭 그 울타리에서 뻐꾸기 울음으로 가뭄과 우기를 예측하던 살붙이들이다. 이제 봄이 오면 동네 아낙들 모셔와 함께 고구마 종순을 자를 것이다. 그 틈새에 끼어 들밥 한 수저 거들고 싶다면 구경꾼 시인의 낭만일까? 기교를 버린 문장의 진정성이 보이는 아, 따뜻함이다. 가을이 오고 저 꿍꿍이들이 흙속에서 붉은 몸을 키우면 굉음의 경운기가 쿵, 나타날 것이다. 그리고 고구마 밭 치달릴 때마다 고샅이 뒤집히며 황금 계란과 붉은 여의주가 툭툭 터져 나오니 그게 쏟아지는 시적 자양분이다.

푸르른 날
너로 채우는
까맣게 익은
차마
글썽이는 눈물
-「오디」전문

단감나무 맞은편 어디쯤에 자리잡은 뽕나무일 것 같다. 그 나무 이파리 사이로 깔깔대는 아이들이 배꼽 잡다가 수

줍게 얼굴 붉히던 어느 초가을 직전이리라. 푸르름 성성하게 익어가는 언덕바지 아래로 서해 바다가 출렁인다. 짧고 단아하다. 눈물조차 슬프지 않고 화사한 향기를 풍긴다. 이 순간 나의 바람 하나가 번뜩 불을 켠다. 이 짧은 시가 지하철 게시판에 붙어 바쁜 일상의 가슴을 식혀 주는 훈부의 문장이 되었으면 하는 바람이다.

    하얀 눈송이 소나무 푸른 바늘잎에 꿰어
    가지마다 함박웃음 가득한
    가지마다 열린 단칸 초가집
    -「왕솔숲 초가집」전문

  왕소나무 숲 함박눈 내리는 배경이 훈훈하다. 아득한 옛날 웃음소리 가득하던 추억의 바닷가 그 초가집이라서 더 그렇다. 까나리 새우를 길러낸 바다, 격렬비열도에서 가장 가까운 그 바닷물로 어머니가 떠난 후에도 며느리가 뒤를 이어 식솔들의 김장을 담그기도 했다. 그래서 그의 바다와 농촌은 한몸으로 이어지는 것이다. 뿌옇게 흩어지던 상상의 마디가 시인의 몸을 투과하면서 진한 문장의 실체로 우뚝 서는 것이다. 바다는 태초부터 그와 합체가 된 운명이다. 새벽잠 깨우던 아버지가 상현달 메고 오던 그 바다다.

그의 몸이 산산이 부서져도 모래밭에 써내려 간 사연은 지워지지 않는다.

    칠게는 납작 업드려 달빛을 갉아먹고
    황발이는 큰 발로 달을 물고
    파놓은 제 집으로 데려가려 안간힘 쓰는 동안
    천수만을 비추던 달은 은하수를 건느고 있다
    -「천수만의 달」부분

  이번에는 큰달을 물어보겠다며 펄쩍 뛰어오르는 짱뚱어의 바다이다. 황발이가 큰 발로 달을 물고 제 구멍으로 끌고 가려고 안간힘 쓰던 흔적도 보인다. 신기하다. 마른 개펄에 기어다니던 게 떼들이 사람의 발자국 소리에 재빨리 구멍 찾아 흔적을 감추는 걸 보면 도깨비장난 같다. 개펄마다 바글거리던 수천 마리 게 떼들이 단 한 마리도 남지 않고 도깨비처럼 사라지는 것이다.
  황발이와 능쟁이, 설게도 흔했다. 능쟁이의 구멍은 펄흙 두꺼운 층 아래로 수평으로 파고들면서 보금자리를 틀었고 황발이 구멍은 수직으로 딱딱하게 뚫렸으며 설게 구멍은 저만치 떨어진 두 개가 서로 땅 밑으로 통해 있다. 펄흙 한쪽을 밟을 때 맞은편 어디쯤에서 물줄기가 분수처럼 쭈

욱 솟아오르는 바로 그 자리가 설게의 보금자리이다. 그리고 숱한 이웃들을 껴안고 홀연히 사라지던 별리別離의 그 바다다.

> 풍랑에 쓸려
> 조류에 떠다니다 끈질긴 사투 끝에 돌아와 보니
> 할미가 바위가 되어 있었네
> 그 옆에 할아비도 바위가 되었다는
> 할미할아비 바위
> -「할미할아비 바위」부분

그는 지금 석양에 물든 아버지의 가을 바다를 하염없이 바라보는 중이다. 돌아오지 못한 갯마을 그림자들이 여전히 가슴에서 지워지지 않는다. 배를 타고 떠난 이웃이 그믐달로 돌아오기도 하고 조류를 따라 조개를 잡다가 늙은 부부의 바위가 되어 사금파리 염판에 몸을 말리던 사연들이다. 아비와 아비의 아비가 그렇게 갯목쟁이를 건너오다가 노을과 함께 갯벌에 누워 있기도 했다. 저물녘 물 마른 갯골 건넜다가 영영 돌아보지 않던 아버지의 바다일 수도 있다. 아득한 옛날 해무로 사라진 착한 아낙 흐릿한 그림자를 실체 진한 소나무로 변신시킨다.

무너진 절벽 아래
　　바다로 투신하는 바위 조각들
　　불안에 뒤척이는 몸을 휘감고
　　돌도끼나 돌화살은 되지 말라며
　　-「조약돌」부분

　다시 괴춤을 동여매고 바다로 출정하는 채비를 차리니 그게 숙명이다. 햇볕 젖은 모래가 마을 즈음 한 번쯤 발걸음 멈추기도 하지만 바다는 여전히 그들의 젖줄이기 때문이다. 밀물이 올 때쯤 그리운 섬 하나 만나니 그 사내 가슴이 바다와 섬과 저녁놀에서 벗어날 수가 없는 것이다. 모래밭에 쓰고 또 써내려 간 이야기를 밤마다 만지고 쓰다듬으니 그게 시인의 창조성이다. 노동을 끝낸 저물녘, 손잡고 노을을 걷는 다정한 부부도 보인다. 그렇게 깊은 시심의 사내가 되니 점차 매의 눈처럼 놓치는 게 없다.

　　겨울강 건너 찬 서리 걷히고
　　맨땅을 뚫고 나와 불평 없이
　　납작 주저앉아 햇살 모았네
　　-「민들레」부분

'사람을 넘어지게 하는 건 태산이 아니라 진흙더미'라고 한비자韓非子가 말했다. 아침 햇살로 쏟아지던 후미진 자리에서 난쟁이 민들레의 경외감을 그가 띄똑 올려놓는 것이다. 엎드린 초가집 토방에서 혼자 뿌리내린 그 노란 꽃이다. 하현달로 떠오르던 목련꽃 지자마자 겨울 맨땅을 뚫고 나온 샛노란 그리움으로 사무치는 것이다.

그의 시원始元이 갯마을 꽃사랑일까? 가시덤불의 상처가 아플 때 돋아내는 새 살을 잡아내니 그게 달맞이꽃이다. 가을날 상사병으로 가슴 터지는 석류도 찾아내었다. 그의 노을 앞에서 열심히 살았다고 자가진단을 해주는 건 노을꽃이다. 콘크리트 담벼락 타기로 줄기를 수놓는 담쟁이덩굴에서는 손가락 찔려 피 흘리는 붉은 잎도 찾아낸다. 여기까지 오느라고 수고했다, 며 돌 틈 뿌리 내린 생명체 찾아 시인의 몸에 체화시키는 것이다. 하늘을 찌르던 아카시아 앙상한 가지에서 주렁주렁 피워내던 하얀 송이들에게 감탄사를 내뱉기도 한다. 무화과에서 어머니의 연분홍꽃을 오려내니 겨우내 단맛을 내려놓으시고 흙으로 떠난 곰삭은 사랑의 변신이다. 꽃을 버려야 열매를 맺는 단내 나는 짝사랑도 놓칠 수가 없는 것이다.

푸르게
　　더 푸르게
　　산비탈까지 올라가 붓칠 하고
　　비어져가는 햇빛에 고단한 하루
　　-「유월의 문턱」부분

　그의 고구마 넝쿨이 시퍼렇게 뻗을 즈음이다. 이상하다. 대보름 까맣게 쥐불 놓은 자리마다 샛노란 순을 내민 게 지척인데 어느새 푸른 벌판으로 변신된 것이다. 구천 어디쯤에서 조물주가 초록색 페인트 통을 쏟아 버렸거나 초록색 보자기를 덮어씌운 게 틀림없다. 그래서 그는 이제 문장을 쥐어짜지 않는다. 지게목발 두들기던 옹달샘에서 분수처럼 솟아오르던 문장의 실체를 찾아낸 것이다. 정교하게 다듬는 것은 나중의 과제이고 지금은 닥치는 대로 퍼 담아 창고에 쟁여 놓는 시점이다.

　　자벌레 한 마리 길을 떠난다
　　파도 타고 바다를 건너
　　풀숲 우거진 산자락 오른다
　　바람에 흔들리는 풀대를 오른다
　　긴 몸을 굽히는 만큼씩 더딘 디딤

저 맛있는 한 끼의 식사를 위하여
파란 하늘이 보이도록
잎에 구멍을 내고
자벌레는 입으로 푸른 시를 쓰고 있다
-「자벌레」전문

인기척이 스치면 몸을 세워 나뭇가지처럼 은신한다는 그놈 자벌레이다. 하필 파도 소리 들리는 숲속 그 자리에서 그늘자락 받고 있을 뿐이다. 시인은 이 고샅 저 고샅 헤치며 삽자루 메다가 그냥 서해바다 격렬비열도 어디쯤을 바라만 보았던가. 바다가 부르는 대로 백사장으로 몸을 옮겼다가 백사장 맨발이 따가와 다시 수풀로 몸을 옮겼을 뿐이다. 그리고 이파리 구멍 사이로 푸른 하늘을 바라보며 가슴 설레는 자벌레를 만난 것이다. 경이롭다.

주인 없는 뜰 안에 떨어진 박씨 하나 떡잎 펼치고
묵은 망초 줄기 감고 오르던 박넝쿨
바랜 빨랫줄에 넝쿨손을 감더니
하얀 빨래를 널어놓았다
꽃상여 타고 가신 할머니
눈부신 햇살에 눈을 꼭 감으시고

풀벌레 안내하는 가을 달밤에 오셔서
　　널어놓은 하얀 빨래 걷으시려나 보다
　　-「하얀 빨래」 전문

　그는 지금 다 떨어진 가지에 높푸른 하늘을 가득 채우는 중이다. 이제 숨길 것 없는 비운 마음이다. 자, 시작이다. 그의 시가 개 막은 들판의 갈대밭도 되고 그가 땀 흘리는 일만 평 고구마 밭으로 옮기기도 한다. 하여, 물이랑에 쓸려 이별의 아픔 담아내는 조약돌로 변신하기도 한다. 어느덧 자연에 몸을 던져도 아프지 않은 연륜이 되니 지금은 도요새와 갈매기 부르는 파도 소리 가득한 무인도이다.

　　비 개인 하늘 길로
　　조용히 떠가는
　　말하지 못한 추억 하나

　　잊은 줄 알았는데
　　자나 깨나 떠오르는 살 부드러운 기억
　　꽃잎 하나 떨어져
　　하늘로 떠가는
　　짝사랑

- 「낮달」 전문

그는 시를 압축하려 애쓰지 않는다. 벌판과 아카시아, 빈 집과 모래톱이 켜켜이 놓인 자리를 수도 없이 체화시켰으므로 공간과 여백의 구분이 없다. 고구마순 놓다가 저무는 벌판을 바라보면 그게 시상이 되고 여백과 공간으로 펼쳐진다. 찬바람 구석진 초저녁 포장마차에서 산낙지 발을 떼다가 단풍잎을 떠올리기도 한다. 떨어지는 나뭇잎에서 찾아낸 짧은 이별을 귀갓길 내내 가슴에 품는다. 그랬다. 낙엽을 바람에 떨어지는 게 아니라 씨눈을 남기며 이름을 달리할 뿐이다.

그렇게 오실 줄 알았습니다

미련 없이 다 보내고
내몰리던 바람 끝으로

하얗게 어둔 밤
온 세상
애틋한 기다림을 덮으며
동짓달 초하룻날

그렇게 소복이 오실 줄 알았습니다
- 「첫눈」 전문

이용복 시인이 드디어 세상에 첫 문장을 들이밀었다. 그렇다. 이제 그는 등허리에 얹어놓았던 짐들을 내려놓고 또 하나의 갈림길을 정해야 할지도 모른다. 늦깎이 첫 출산 이후 구천의 아버지를 떠올리며 여전히 표표히 백지를 채워내며 행복에 젖을 것인가, 아니면 험한 문단의 소용돌이에 뛰어들어 혼신으로 한바탕 맞장 터볼 참인가.